Virginia Miller

Ab ins Bett!

Deutsch von Rolf Inhauser

(Titel der englischen Originalausgabe: *Get into Bed!*)

First published by Walker Books Ltd., London

Printed and bound in Hong Kong
by South China Printing Co. (1988) Ltd.

ISBN 3-7941-3699-3
Bestellnummer 01 03699

Die Deutsche Bibliothek – CIP-Einheitsaufnahme

Miller, Virginia:
Ab ins Bett! / Virginia Miller.
Dt. von Rolf Inhauser. –
Aarau ; Frankfurt am Main ; Salzburg : Sauerländer 1994
ISBN 3-7941-3699-3
NE: HST

Virginia Miller

Ab ins Bett!

Deutsch von Rolf Inhauser

Verlag Sauerländer
Aarau • Frankfurt am Main • Salzburg

«Es ist Zeit, ins Bett zu gehen»,
sagt Vater Bär.
«Nee!» sagt Baba.

«Putz dir die Zähne und geh ins Bett»,
sagt Vater Bär.

«Nee!» sagt Baba.

«Hast du dir die Zähne geputzt, Baba?»

«Nee!» schreit Baba und weint wütend.

«Komm jetzt ins Bett», sagt Vater Bär.
«Nee!» schreit Baba.

Nee

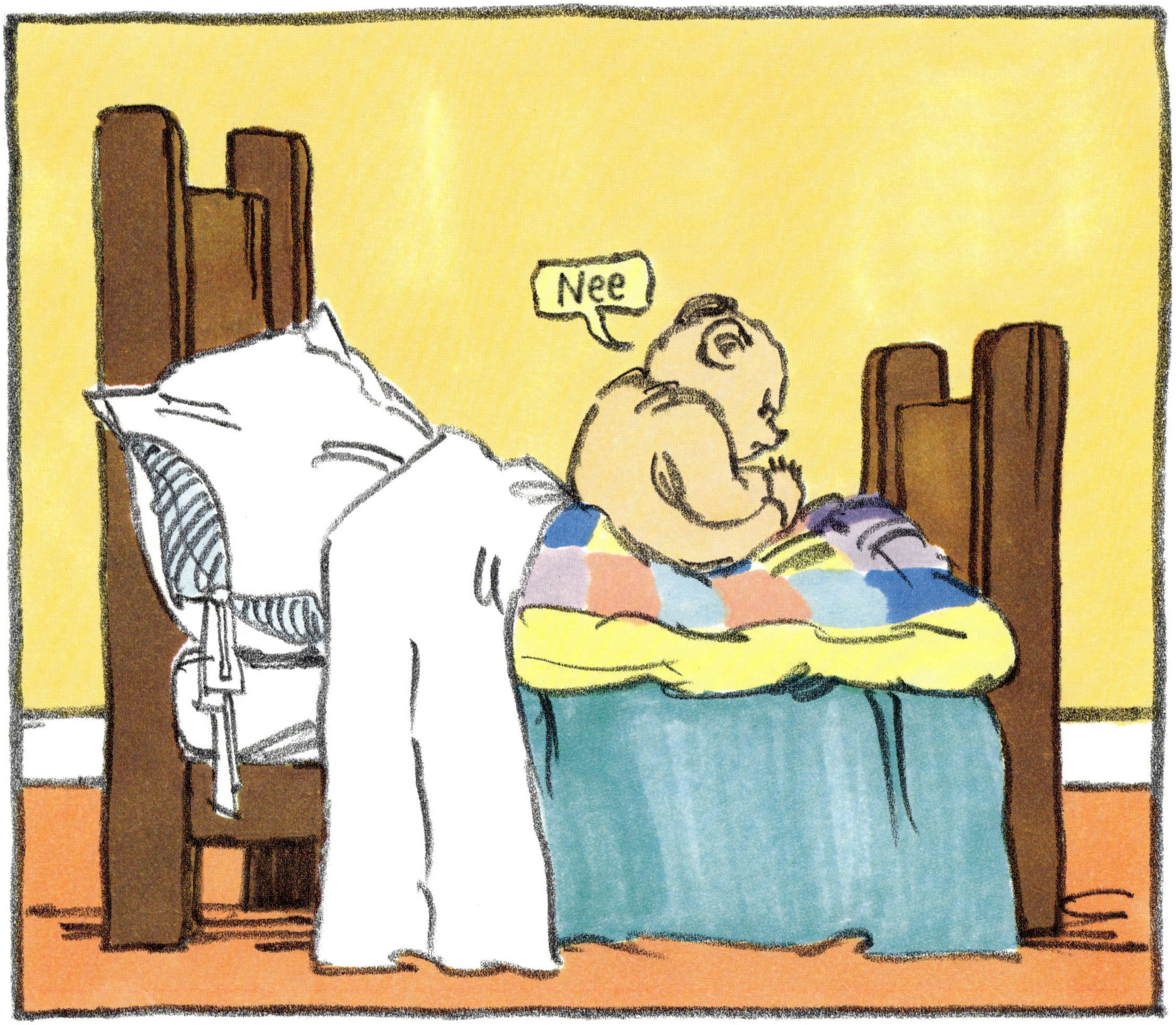

«Nee, nee, nee,

NEE!» schreit Baba.

ruft Vater Bär sehr laut.

Baba kriecht ins Bett.

Er kichert

und versteckt sich

und kitzelt Vater Bär

und läßt sich hätscheln

und schmiegt sich

und kuschelt sich

und brummt behaglich.
«Gute Nacht», sagt Vater Bär.

«Nee», sagt Baba ganz leise und matt.

Dann gähnt er, macht die Augen zu

und schläft ein.